Mais longa vida

Marina**Colasanti**

Mais longa vida

1ª edição

EDITORA RECORD

RIO DE JANEIRO • SÃO PAULO

2020

CIP-BRASIL. CATALOGAÇÃO NA PUBLICAÇÃO
SINDICATO NACIONAL DOS EDITORES DE LIVROS, RJ

C65m Colasanti, Marina
Mais longa vida / Marina Colasanti. – 1ª ed. –
Rio de Janeiro: Record, 2020.

ISBN 978-85-01-11459-4

1. Poesia brasileira. I. Título.

CDD:869.91
18-48730 CDU: 821.134.3(81)-1

Leandra Felix da Cruz – Bibliotecária – CRB-7/6135

Copyright © Marina Colasanti, 2020

Capa: Victor Burton
Imagem de capa: Óleo sobre tela de Marina Colasanti

Todos os direitos reservados. Proibida a reprodução,
armazenamento ou transmissão de partes deste livro,
através de quaisquer meios, sem prévia autorização por
escrito.

Texto revisado segundo o novo Acordo Ortográfico
da Língua Portuguesa.

Direitos exclusivos desta edição reservados pela
EDITORA RECORD LTDA.
Rua Argentina, 171 – Rio de Janeiro, RJ – 20921-380 –
Tel.: (21) 2585-2000.

Impresso no Brasil

ISBN 978-85-01-11459-4

EDITORA AFILIADA

Seja um leitor preferencial Record.
Cadastre-se em www.record.com.br e receba
informações sobre nossos lançamentos e nossas promoções.

Atendimento e venda direta ao leitor:
sac@record.com.br

Sumário

PONTOS DO PERCURSO

Tarefas do meu avô	13
Só em mim ficou	14
Um só verão	15
Agradeço	16
Terras d'África	17
Como se fosse, sem que	18
Hidroavião em Trípoli, 1940	19
Não revelam	20
Em busca de	22
Naquela praia do Adriático	23
A volte	24
Descendo de Asmara a Massawa	25
Somos quatro	26
Nos pálidos pés	27
Addolorata	28
Io sto	29
Difuso desejo	30
Em fundos goles	31
Grãos de romã	32
Se apenas	33
A partir do	34
Busso piano	36
Da minha mãe	37
No batizado	38
O que se vai	39
Como Deus é servido	41
Inútil cariátide	42

Como alguns de nós	43
Meu irmão	44
Spero di	45
A tarde é imprevisível	46
Mais que os escritos	47

SOPRAR AS BRASAS

Tanto por fazer	51
Grão a grão	52
Câimbra à noite	53
Para alguns	54
Pesa demais	55
No fundo da garganta	56
No exato momento	57
Jogging	58
O tempo delas	59
Um longo percurso	60
Uma, não mais	61
No trem da noite	62
Sem cuidar de nós	63
Não do acaso	64
Um entre tantos	65
Tudo, menos	66
Perto da porta	67
Nada	68

DUPLA VIAGEM

Acima da autoestrada	71
Insistimos porque	72

E logo migrarão	73
Pergunta a Piero di Cosimo	74
Cercada de trigais	75
Em ácida luz	76
Num único ponto	77
De Modi	78
Que batem e batem	79
Ninguém mais	80
As estrelas acima	81
Olhar turista	82
De que é feita	83
Senhor da penumbra	84
Debaixo de chuva	85
Cavaleiro na paisagem	86
De tão longe	87
Abertas sempre	88
Vivos no escuro	89
Dos jovens	90
Num campo de papoulas	91
Outono em Xangai	92
Clareia apenas	93
Enquanto em Guiyu	94
Já quase no horizonte	95
Gravura na neve	96

DE MULHERES

Antes que	99
As filhas de Martha	100
Útero em sangue	101
Onde um poder impera	102

De nada serviu benzer-se em Roma	103
Sempre, Suzana	104
Outro olhar	105

COLHER E PARTIR

Atrás do vidro	109
Verde é	110
Não irá	111
O dia ainda dorme	112
Repensando o poeta	113
Marcando meus pontos	114
Fundo de baía	115
Ainda assim	116
Sem saber que	117
Sombra no jardim	118
Onde agora	119
Toda hora é hora	120
Em seu justo lugar	121
O manso mar	122
Amigos meus	123
Tempo longo	125
Os meus trigais	126
Sobre a mesa	127
Falsa fonte	128
Pergunta e asfódelos	129
Voz de guelras	130
Assim os levo	131
Água na parede	132

AMOR E DELICADEZA

Flutuando à deriva	135
O deixamos ir	136
Em ti somente penso	137
E já não chove	138
Nesga de mar como faca	139
As cores não se veem	140
Insônia a dois	141
De homem	142
Inverno	143
Ou papel de seda	144
Como uma cascavel	145
Diálogo gentil	146
Cuidando da descendência	147
O corpo macho	148
Prima che sia notte	149
Esta mulher	150
A clara noite	151
Ninguém além	152
Cadinho cotidiano	153
Lado a lado	154
Todos os aromas	155
Breve beleza	156
Já podemos	157
Amanhece	158

Pontos do percurso

Tarefas do meu avô

Três coisas grandiosas fez meu avô.
Baixou os pesados cavalos do alto da fachada
                        [de São Marcos,
que se recompusesse o bronze devastado.
Cuidou que se escavassem em terra de Trípoli
as ruínas deixadas por mão de Diocleciano.
Secou o lago de Nemi para trazer à luz
duas trirremes romanas afundadas.

De um ato mais deu conta sem fanfarras
ao gerar o meu pai no silêncio do quarto.

Depois
a chuva ácida em Veneza corroeu novamente
o bronze dos cavalos
Trípoli foi tomada por Kadafi que distância
                        [queria
de glória alheia
e os alemães em fuga ao fim da guerra
incendiaram em Nemi as duas trirremes.
Só meu pai levou adiante seu percurso
que no tempo
e nos filhos
garantiu ao nome do meu avô
mais longa vida.

Só em mim ficou

Nasci longe de mim
em terra estranha
levada por um hálito de guerra.

Nada era nosso ali
embora nos dissessem diferente.
Meus pais acreditaram na miragem
e na proximidade das estrelas
compraram casa e cão
vestiram albornoz nas noites frias
plantaram vida nova em velho chão.

Minha contribuição foi involuntária
— nascer não é nenhum merecimento —
útil, porém, para marcar começo.
Depois, quando a miragem foi trocada por
                                                    [outra
e as roupas retiradas dos cabides,
só em mim ficou Asmara tatuada
nunca mais vista
e nunca obliterada.

Um só verão

Outro que não o meu
é o tempo das montanhas.
Meus ossos
não guardam o longo sono dos fósseis
nem minha carne abriga conchas
de um remoto mar.
Sou de uma só camada
aberta ao vento.

Como uma árvore
o granito do monte afunda suas raízes
terra adentro.
E acima
e abaixo
é todo permanência.
Mas eu
breve folha que nada prende além das
[estações,
viverei um só verão
e irei embora.

Agradeço

Agradeço cada poema
cada prato posto à mesa
cada ponto de costura ou
vírgula de escrita,
agradeço
cada gesto que me traz sorriso
e que se expande
por tudo dou graças,
sem saber a quem.

Terras d'África

Das terras d'África
nada trouxemos.
Nem máscaras pintadas nem objetos tribais
nenhuma estatueta ou pote ou prato
foi posto em nossas malas.
Não éramos turistas.

Em terras d'África
tudo deixamos
pratas livros tapetes
o retrato do avô emoldurado
              e a porta aberta.

Da nossa vida em África
guardamos só as histórias
fatos acontecidos sem registro
cotidiano narrado como lenda
que cada um de nós
abrigou a seu modo na memória
e que
com cada um
a seu tempo
se foi.

Como se fosse, sem que

Herbívoro não sou.
Cabeça baixa
e de macia boca
acostumada a mastigar palavras
rumino o tempo meu
na mó dos dentes
e abrigo nos desvãos
o sangue quente.

Hidroavião em Trípoli, 1940

À hora da partida
meu irmão e eu sentados
já no barco
meus pais em último abraço
ainda no cais.
Nossa casa e a manhã deixavam de ser nossas
e o chão do cais
e o barco
e uma cidade.
Era um avião pequeno sobre a água
um inseto pousado
um brilho escuro
e um medo ao seu redor
que eu ainda não lia.
Era um voo no vazio
que me esperava
                    acima e adiante
um rumo cego
que ao meu jovem destino
dava asas.

Não revelam

As minhas mãos tão gastas
e eu ainda dialogando com anéis.

A safira da avó
pequena e fosca de tanto
atrito, tanto, contra a vida
ouro do aro e modéstia
entregue por ela
como entregasse o passado.

A turquesa da mãe ficou doente
       antes que a mãe ficasse.
E de azul
fez-se verde.
Verde vive comigo, anel de folha.

Guardo a pedra sem nome
só facetas e cor encastoada
que da África veio com a família.

Dois aros de Seul e seu lírio de prata
pousam 'às vezes junto da aliança
ou um aro entrelaçado
ou uma esmeralda.

Iluminaram meus gestos
e um tempo vai chegar
de tirá-los dos dedos
de livrá-los de mim.

Eu pergunto que tempo
e as mãos
　　　　girando anéis
guardam segredo.

Em busca de

Como formigas
enfileiro letras e palavras
em busca de um caminho
ou de
uma caça.
Tudo me serve
e nada é suficiente.
Mordisco folha e talo
mas a raiz me escapa
carrego mil migalhas
e não alcanço o trigo.
O formigueiro é fundo
e ainda assim
superfície.
E eu sigo pondo à frente uma da outra
linha tão fina
sempre em movimento
que atravessa meus dias
e de que
me alimento.

Naquela praia do Adriático

Para Lucia Helena Monteiro Machado

Haviam-me dito
que além do mar
estava a Iugoslávia
e que os pescadores
à noite
mais próximos da costa
viam suas luzes.
À noite eu dormia
como cabe às crianças
mas de manhã
na praia
inutilmente buscava no horizonte
a terra onde meu pai havia sido soldado.

Agora uma amiga me diz
que vai à Croácia.
É noite
e como um pescador
olho dessa janela de Ipanema
e vejo
nas luzes dos cargueiros fundeados ao largo
a viva costa da Iugoslávia.

A volte

China il capo, Marina
e bruca il prato
anche se a volte è in te
vello di lupo.

Descendo de Asmara a Massawa

Varando o calor espesso como mel
desci do planalto com meus pais
para nadar no Mar Vermelho.
Não eram rubras suas águas
nem cor de sangue o fundo
conforme escrito por João de Hildesheim,
                                    [o monge,
no ano mil quatrocentos e setenta e sete.
Não vi sobre o leito profundo
as pedras e os peixes
prometidos a quem se aventurasse.
Cuidava apenas das ondas da beira
que com língua de espuma
vinham afagar
os meus pequenos pés.

Somos quatro

Enquanto eu estiver viva
somos quatro
que três mulheres trago na lembrança
e com meu bem-querer
lhes dou respiro.

A mãe primeiro
que breve foi o encontro
e longa a ausência
para tão forte laço
e amor retido.

A avó depois
rouge no lóbulo para realçar a pérola
jasmins no pó de arroz
e as sábias mãos
que me ensinaram a empunhar tesoura.

Por fim a tia
voz de sol
postura de cipreste
e o cintilar nas mãos de mil diamantes,
sempre a primeira
embora fosse a última a chegar.

Nos pálidos pés

Quando o verão chegou
trouxe com o calor
o fim da guerra.
Os meus pés de menina haviam crescido
já não cabiam nos sapatos do inverno,
e outros não havia para comprar.
O couro disponível
havia sido empenhado nos coturnos.
Madeira havia
— pouca serventia têm as árvores na
                    [batalha —
e no morno começo
daqueles novos tempos
nos meus pálidos pés
calcei tamancos.

Addolorata

Sete punhais cravados
no coração de prata.
Menina na igreja escura
como dói meu coração pequeno
quanto o da imagem.
Brilham à luz das velas
as pedras dos punhais
e os olhos de vidro da Virgem
enquanto
sem saber
aprendo a dialogar com metáforas.

Io sto

Vieram me acordar
noite ia alta
e a hora era só aquela
ou não seria,
chamaram meu irmão.
A nossa mãe morria.

Longe da cama
— era tão grande o quarto —
outras pessoas
de pé
no quase escuro.
E ali ficamos nós, adolescendo.

O meu pai me chamou
chegasse perto.
Ouvi a mãe dizer: "*Io sto muo...*"
e deu um sorriso.
Foi tudo.

Esperamos o dia amanhecer,
sem ela.

Difuso desejo

Três vezes
minha vida
foi tirada do trilho em que seguia
e posta em outro.
Três vezes
me adaptei
não sem esforço.
Agora, minha casa me basta
e seus gerânios
mas sangra em mim um difuso desejo de
[mudança
que me leva a buscar
atrás dos vidros de alheias casas
em alheios países
a sombra da mulher que seria eu
vivendo uma das vidas
que perdi.

Em fundos goles

Quero retroceder
jantar com Henry James
falando de luz e esplendor em Veneza
passar a tarde com meu avô
na biblioteca da nossa villa em Roma,
falar de Tintoretto com um
e de Ravenna com o outro
de Palazzo Ducale
e de Theodora
tomar chá e grappa
entre fundos goles de beleza
para continuar enfrentando o árido
século XXI
em que me toca viver.

Grãos de romã

Era clara e dura
como os lençóis e as paredes
aquela luz que trazia ao quarto
a primeira manhã.
Lá fora
alguém lavava um carro
alguém lavava um carro sempre à mesma
[hora.
Eu o sabia pelo bater da alça contra o
[zinco do balde
e pelo farfalhar da água de mangueira.
Havia vozes, chamados que ecoavam
como se em caixa de vidro.
Não durava muito a função,
o suficiente para fazer-me crer que
[despertava.
Depois, silêncio.
E no silêncio vinham os remédios
como grãos de romã na palma aberta
para levar-me além do bater da alça no
[zinco
do chapinhar da água
das vozes
até aquele lugar onde era justo que houvesse
outra cama colada à minha
para impedir-me de cair enquanto
ausente e só
eu dormia.

Se apenas

Atravessei descalça
o ferro e o fogo
deixando atrás de mim
rastro de pranto
como se só o sofrer me fosse amigo.
Agora
quando o fim já se faz perto
e caminho na estrada sem espanto
sei que o antigo penar
foi-se no tempo
e me adoça a garganta
quando canto.

A partir do

Minha mãe esquentava o baralho no seio
cartas que haviam cruzado a linha do
equador
antes de entrar na trilha do destino.
Havia uma dama invejosa, uma notícia a
                              [caminho
um cavaleiro
e a morte passava o fio do alfanje entre
                      [uma e outra figura.
O destino era um filme mudo
só imagens
mas a cores.

Minha tia aquecia o pires no peito
— farto peito de cantora —
antes de invocar o além
para somar-se à mesa.
Havia um estremecimento na chegada
um vibrar de madeiras
e logo
o pires era muda voz da ausência
o além respondia a perguntas
como artista no talk-show.
Entre
o *sim* e o *não*
os mortos silabavam.

Menina, eu anotava letra a letra
daquela fala de tumba

e me debruçava sobre as cartas perguntando
em silêncio
quem
a partir do seio das mulheres
nos entregava passado e futuro.

Busso piano

Dalla poesia
sono stata distante,
che la vita, assai spesso
in prosa ci accalappia.
Ora mi riavvicino a passi leggeri
come chi a casa torna e bussa piano
per tema
che nessuno risponda.

Da minha mãe

Da minha mãe os restos
em chão alheio foram semeados
e ali
esquecidos.
Ossos envoltos em jornal,
assim foram entregues.
E o que restava da amada
foi posto em caixa
lacrado em lóculo
e entregue à capela cuja porta
aos cupins já pertencia.

Distante estava a Parma natal
com seu rendado batistério.

As trepadeiras
as daninhas e as dormideiras
as pálidas navalhas do capim
cresceram ao redor
e o tempo soprou areia e abandono
que tudo
para sempre
encobriram.

No batizado

Por que me cabe carregar a casa?
não sou caracol
e tenho profissão.
Mas assim como o camelo atravessa o
deserto
eu varo as dunas dos dias
levando carga.

Nem tudo faço a contento
há sempre
         uma aranha
         uma teia
         uma formiga
e os cupins roem o escuro cerne da madeira.
Mas areio panelas
e quaro linhos
enquanto impreco contra a voz que
            no batizado
despejou sobre mim
tal maldição.

O que se vai

Perco os cabelos
como perco os dias
um a um.
Um fio
de toda a cabeleira
nada vale.
Da vida
pouco vale
um dia somente.
Porém
o cabelo no pente
o dia no travesseiro
se alinham
        idos
          perdidos
          mortos
e o que se vai
mais pesa.
Não terei calva a cabeça
isso é seguro
a cada fio que parte
um se enraíza
— o crânio é campo fértil
mais que a vida.
Os dias
       no entanto
têm sua cota de estoque
limitada
e eu os vejo passar em fila indiana

sem que reposição me seja dada
e sem saber o ponto
em que a fatura
terá que ser quitada.

Como Deus é servido

A escrita dos meus colegas homens
corre
em geral
entre as primeiras horas da manhã
e o meio-dia.
Assim têm me contado.
Eu, de manhã,
atendo a sede das plantas
e a fome do cão
aliso a colcha da cama
desdobro a toalha de mesa
abro a porta a quem chega
fecho a porta a quem vai
saio correndo em busca de gravetos
volto com meu carregamento de raízes. E
a tarde já filtrando pelos dedos
entre soprar as brasas para o ferro
e cerzir linhos puídos
como Deus é servido
sento e escrevo.

Inútil cariátide

De mim
cinco centímetros se foram.
Encolhi pelas juntas
hora a hora
vértebras atritando suas fronteiras
ossos comendo o espaço
que os separa.
Perdi o prumo chegando ao
fim da saga
vergada sob o céu
que é tanto
e é nada
cariátide que sou
do ar
que me esmaga.

Como alguns de nós

A rede se desfez
as malhas rotas
já não retêm o passado.

Éramos um pequeno bosque de jovens,
delgados troncos, cabeleira ao vento
que a amizade reunia
e as esperanças.

Depois o sol foi forte e faltou chuva
houve animais e incêndio
houve tratores.
Nem todos prosseguiram. Alguns
secaram na raiz
outros nos galhos.

Somos poucos agora
nos olhamos ao longe, acenamos.
Mas das malhas rompidas
o passado escorreu e
como alguns de nós
incorporou-se ao chão.

Meu irmão

A Morte
fez pit stop em Niterói.
Não bastou a antiga fortaleza
para deter-lhe os passos.
A porta
na casa do meu irmão
estava aberta,
seria serviço rápido.

Ele era o último de nós
daquela pouca gente que chamamos nós
porque gêmeos de sangue carne e memória.
Agora este capítulo
                                    nós
está fechado.
Só eu sobrei
                    a mais nova,
que esta última ausência faz
                    mais velha.

Spero di

Lenta lumaca che
striscio sulla superficie
di ogni cosa
spero soltanto
lasciar dietro di me
traccia di bava.

A tarde é imprevisível

Acreditei saber do meu destino
e aquilo que entrevi era miragem.

Tempo houve em que não fazia planos
temendo o suspeitoso olhar dos deuses.
Adiante, esqueci minha própria lição
                        e eles olharam

Agora sou obrigada a engolir
o prato feito servido pelas Moiras
que amarga a boca
e entala na garganta.

A tarde é imprevisível de manhã.
E a noite espreita escura
enquanto quento sol
e aguardo.

Mais que os escritos

Hoje queimei meus ossos no cartório
magro feixe
de que o fogo fará um punhado de cinzas.
Deixar meu corpo aos vermes
é gótico demais para o meu gosto.

O que de mim sobrar,
misturado com torta de mamona
e deitado na terra,
servirá de alimento
para coisa mais útil que a memória.
É de se crer que
com chuva ajudando na receita
alcançarei afinal
efetivo poder fertilizante.

Soprar as brasas

Tanto por fazer

Infindáveis são as tarefas
no cotidiano dessa vida nem tanto.
Os dentes se gastam de moer o pão,
o pão exige ser assado
o forno, aceso
e há que soprar as brasas
soprar as brasas
soprar as brasas
embora o arder dos olhos.
A tarefa conclusa conduz
a outra tarefa
as torneiras se abrem
e se fecham
como o punho ao redor
de cabo de vassoura
ou faca.
E o tempo já se esgota
com tanto por fazer
quando noite se achega.

Grão a grão

Enquanto durmo
enquanto como
enquanto me penteio
ou falo ao celular
a poeira se pousa.
Como chuva orvalho ou neve
como areia do deserto
vinda do mesmo chão onde piso
a poeira se pousa
grão
a
grão
sobreposta pele do tempo
que a minha pele veste
e sobre a minha pele
pesa.

Câimbra à noite

Meu pé esquerdo estranha
                     de repente
a perna a que pertence.
Irrita-se se o movo enquanto durmo
se o apoio
se o suspendo.
Peço-lhe que se acalme
que retorne à unidade
                     precária e inseparável
desse conjunto que chamamos corpo.
Mas no escuro do quarto
o meu pé rosna em dor e desconforto
se insurge
crava invisível dente em nossa carne
sem sangue no lençol
que o incrimine.

Para alguns

Há sempre os favoritos dos deuses
aqueles para quem os louros crescem no
quintal
e se aprontam feixes de trigo
a abraçar posando de perfil.

Para estes
sorriem benévolos os padrinhos do Olimpo
dispostos a aceitar qualquer malfeito.
Para os outros vigoram as regras
as medidas exatas
os controles
e a contabilidade severa
devidos a quem não é filho nem parente
mas servo.

Pesa demais

Pesa demais
o céu
em campo aberto.
Os ombros doem
e a alma.
As cervicais se fletem,
defesa e sujeição,
que os deuses não atinjam a cabeça
e saibam
que lhes temos respeito.

Uma árvore
um feixe de bambus
ou mesmo a sombra
protegem
do nada inalcançável.
Nem serve à vinha
a parreira junto à casa,
a vinha é pretexto
para a parreira
que acolhe o ser desabrigado sob o céu.

No fundo da garganta

Como um lobo da Alta Provença
afundo os dentes em lombo de cordeiro,
fatiado, porém,
e temperado com tomatinhos-cereja
e molho chimichurri.
No fundo da garganta
o uivo apaziguado
se farta de sumo de carne
submerge em vinho
e cala.

No exato momento

Tão passageira a vida,
e é só o que temos.
E a tudo o que nela cabe
damos importância,
quando o que conta é o trânsito
de ar e sangue
que sístole e diástole garantem.
Haverá adiante
um ponto de mudez
e o último esforço das válvulas
uma e outra
arremessando o sol na escuridão
e entornando as estrelas
da Via Láctea.

Jogging

Somos todos um pouco tortos
um pouco mancos
um pouco surdos
e cegos
cegos
cegos.
Assim caminhamos sem ir a parte alguma
só em frente
o quanto baste para emagrecer consciência,
e corremos nas calçadas atrás de nada
sem olhar o mar a lagoa a montanha
sem que haja cervo adiante
ou fera aos calcanhares.
Erguemos os pés protegidos nos tênis
marcando o passo
como se eles nos levassem
e não o pulso
de onde o tempo nos governa
qual rédea fosse.

O tempo delas

Havia uma perspectiva nas moradas
uma certa distância entre janela e porta
um entornar de luz além da quina
um desdobrar-se em sombras pelos cantos.
Havia uma expectativa nos espaços
e ao silêncio era dado viver
com os humanos.
Havia, nas casas, possibilidades.
As portas sucediam-se como pontes
e sem que houvesse copas
havia sombras.
Havia, nas casas, um falar de casa,
frases das vigas, sussurrar de pisos,
e suaves conversas entre frestas.
Lenta era a vida das moradas
herdadas como álbuns de família.
E o tempo delas nos calçava
os passos.

Um longo percurso

Os antigos não comiam salada porque
light ou boa para a saúde,
mas por fome.
Os verdadeiramente antigos
nem bem comiam salada
comiam mato.
Como as cabras
ou qualquer herbívoro antes delas
os humanos pastavam,
embora com as mãos.
Ainda faltava muito
para chegarmos à rúcula.

Uma, não mais

Um cravo atravessa minha mão
mantendo-a imersa na compostagem da vida.
Tudo o que fermenta e apodrece
tudo o que aos poucos se desfaz
segue seu rumo sob a minha palma.
A morte alheia é pegajosa e morna
a dor alheia morde mas não fere
lamentos não se ouvem, só sussurros.

Uma mão fica presa
a outra é gesto e escrita
alterna esmaltes de variadas cores
e três vezes ao dia empunha garfo.

De soltar a mão presa eu nem cogito
iludida talvez
de que entregando esta
seja possível conservar o resto.

No trem da noite

O trem da noite
leva seus vagões
nos trilhos que conduzem à manhã.
Desfilam
              sem ruído de ferragens
alguns sonhos esparsos, fiapos
entre sono e vigília
lembranças
o latido dos cães e o compassado pio
de uma coruja que sonho ou que me chama.
Até que o sono se desfaz e
ainda noite
me abandona de pé na plataforma.

Gotejam na estação
os passos de um relógio
gotas sobre o zinco do crânio.
O cão late, a coruja pia
tudo é escuridão
e nem desperta o horizonte.

Sem cuidar de nós

Denso e quente
como o sangue que jorra da garganta do
                              [carneiro
assim é o sumo da vida
aquela vida que oferecemos aos deuses
em sacrifício
— não morte —
quando o fino fio do tempo
desliza sobre a carne
e corta.

Um ano não é nada
dez anos nada valem
medida pouca é o ano para este espaço
coalhado de estrelas.
Cem milhões de galáxias
pulsam
enquanto consultamos no Blackberry
os compromissos do dia.
Cem milhões de estrelas em cada galáxia
avançam lentas entre nascimento e morte
sem cuidar de nós que
inquietos
fechamos os olhos para dormir.

Não do acaso

A linha paralela
não é obra do acaso
é obstinação
marca de mão e mente
de quem
        ao rés do chão
vive e sente.

A linha paralela
ordena a vinha em fileira
traça da estrada a beira
e do trilho a carreira.
Entre linhas paralelas
vão a folha
e a régua
o lençol e
a cama
a escrita da mão que escreve
e que com sua escrita
fala.

As paralelas nascem
de uma única linha dividida
xifópagas
que a separação
liga.

Um entre tantos

Passo na calçada.
Encostado à parede
um homem magro
negro, sentado em cadeira de plástico
fala ao celular.
"Era segurança — diz alto
e eu ouço —
aí mataram ele."
Sigo pela calçada até a esquina
até meu prédio
elevador e porta
carregando nas costas o cadáver
que não conheço
e que desovarei antes de entrar
corpo indistinto de
um segurança entre tantos
que entre tantos
morreu assassinado.

Tudo, menos

Luís XIV
levantava duas vezes
na mesma manhã
duas vezes se deitava
ao se deitar
e sete vezes ao dia
trocava roupa e peruca.
Os gestos sempre repetidos
para deleite da corte
não duplicavam o tempo.
E é certo que
ao morrer
não repetiu a função.

Perto da porta

Três porcos perto da porta
e a bicicleta encostada.
Sobre seus pequenos cascos
movem-se os porcos em pequenos passos
pisando água estagnada
enquanto fuçam sobras
                    dessa vida tão sem sobras
por toda parte espalhadas.

Um viaduto passa ao lado
esteira móvel de carros
que à paisagem não pertencem
nem às sobras
nem aos porcos
e nem à água estagnada,
que vão
como vai o tempo
olhando à frente
e mais nada.

A bicicleta se foi
só destino e pedalada
e se afastaram os porcos
pisando em terra arrasada.
A porta ficou encostada
ausência e espera
igualadas.

Nada

Salomão disse:
"Não há nada de novo sobre a terra".
A frase
quando a disse
era.

Dupla viagem

Acima da autoestrada

Figuras de Giacometti
cruzam a passarela acima da autoestrada
recortes que a perspectiva alonga.
As cabeças pequenas não se voltam,
o que corre abaixo
— metálica água destinada a outras
                        [distâncias —
não ocupa seu tempo.
Olhar centrado numa única direção
vão
silhuetas suspensas
atravessando o rio
rumo à outra margem.

Insistimos porque

Debaixo das glicínias em flor
comemos alcachofras.
A noite é fria e
a meteorologia informa que
chuva nos aguarda.
Mas insistimos no sorriso e no vinho
porque
temperatura à parte
é primavera.

Roma 2008

E logo migrarão

No observatório de Atacama
o telescópio surpreendeu o nascer
de estrela nova.
Não souberam disso os flamingos
tulipas de longo talo plantado
no sal do lago.
Haviam cumprido a extenuante tarefa
da procriação
e como a nova estrela
que agrega gás e poeira para ganhar corpo
cuidavam apenas de mergulhar a cabeça
e comer
comer e mais comer
para repor seu peso.
Em breve
no céu despido pela luz do sol
e ainda assim coalhado de astros
começariam a migração.

Atacama 2012

Pergunta a Piero di Cosimo

Que serpente é essa
que se entrelaça em ouro e
negra
enlaça o alvo colo de Simonetta Visconti?
Que joia é essa
mais que joia, viva?
Não desce aos seios nus
bastam-lhe os ombros
onde mais se aproxima e se assemelha
ao penteado de enroscadas tranças.

Imóvel no retrato
ainda assim a serpente desliza
pronta ao bote
cabeça erguida, ameaça
que permite à moça
o despudor do decote
e o tênue sorriso.

Cercada de trigais

Dormir cercada de trigais
como se numa ilha
ou topo de montanha,
dormir no escuro quarto
dessa escura morada
enquanto fora
a lua
cambia ouro em prata
e se deita afundando entre as espigas.

Amalgamada no silêncio
liberto o sonho em fuga sobre os campos
abandonando o corpo sobre a cama
como roupa já usada
ou pele alheia.
Imóvel, sou na noite um ser errante
mas deixo atrás de mim âncora firme
minhas raízes que
como as do trigo
descem e bebem tepidez
da terra.

Aligny 2003

Em ácida luz

Sentada na beira da cama
neste quarto de hotel,
em ácida luz como se
em um quadro de Hopper
(a mala ao lado, a cômoda, a cortina)
tricoto em silêncio.
As longas agulhas brancas
aves implumes retidas nas mãos
defrontam bicos.
Uma abre a guarda
a outra avança
se lança
afunda no estreito laço da malha
e fisga o ponto.
Do novelo caído
ao tecido
o fio se espalha sobre o tapete
e a cada novo ataque
se desdobra.

Num único ponto

O peso do verão
esmaga nessa encosta
as oliveiras.
Não há sombra
nas sombras
luz mais densa somente
e o fervilhar de insetos.
Na erva alta
uma laranja dorme já à deriva
abandonando ao chão
sumos azedos.
O jardim se submete
à mão do sol.
Só o lagarto
entrefechados olhos
se expõe à luz como se expõe a pedra
escuro e impenetrável.
Num único ponto avista-se vida,
entre peito e garganta
onde sangue palpita.

Arrábida 2000

De Modi

Ciprestes
na parede deste quarto de hotel,
ciprestes de Modigliani
e uma estrada enviesada
vermelha como a roupa de Hebuterne que
sem sorriso
olha de outro quadro
de outra parede deste mesmo quarto
a mim, aos ciprestes
e ao nome de Modi na minha
boca.

Que batem e batem

Sentada num bar da Calle Lavalle
tomo vinho e olho a multidão
que escorre.
A mesma pressa escura
a mesma escura roupa
conduzem os que voltam e os que vão.
Nada floresce entre calçadas
a chuva é ácida aqui ou em Macao
os relógios marcam a hora mas
não o tempo
e o único fio que sai dos fusos horários
alimenta os pentes do tear
que batem
e batem
o interminável tecido sem ourela.

Buenos Aires 2013

Ninguém mais

Na tapeçaria
pesada e escura
leões estão deitados com crianças
algo é vertido
da ânfora de ouro
para
a dourada taça
e uma alegria perpassa carnes fartas
que transbordam em curvas pelos véus.

Tantos pontos tecidos com cuidado
tantos nós e laçadas
tantos fios
tantos velozes gestos
para contar a história que me escapa
e que ninguém mais olha
ou lê
mimetismo da sombra
pendente há tanto tempo na parede
quase parede fosse.

As estrelas acima

Uma noite passei no caravansérail,
palavra que guardava na boca
desde os livros da infância.
Não encontrei caravanas
camelos
ou mulheres veladas,
somente turistas
televisão no quarto
e vendedores de tapetes
(um tapete comprei
para deitar memória em minha casa).
Distante estava o deserto
que eu esperava.

Mas as estrelas
ao alto
eram as mesmas
que no meu imaginário
haviam guiado entre dunas
os passos perdidos
de tantos
viajantes mercantes peregrinos
até o refúgio seguro
do caravansérail.

Irã 2005

Olhar turista

Um carro passa alto no viaduto
o sol se põe e
quase são dez horas.
Longe do mundo estou neste
canto de mundo onde
ninguém me vê
me sabe
ou escuta.
Silhuetas deslizam
no teatro de sombras que
é a cidade,
iguais a mim
e de mim tão distantes.
Parada como estou
tudo me chega.
E as cores já se vão
tintas de noite
quando meu olhar se afia
num novo alerta.

De que é feita

As mulheres de Hopper
se nutrem de luz.
Com suas carnes pálidas
e seus sapatos pretos
estáticas como árvores sem vento
olham na direção do sol
e calam.
O que veem as mulheres
de Hopper
sentadas na cama ou
diante da janela
mulheres que
sem chamado
vêm à porta e ficam?
Nenhum som nos chega dos quadros de
Hopper
nenhuma voz
tudo é mudez e silêncio.
E de que é feita a espera
não sabemos.

Senhor da penumbra

Em La Habana
no pátio da Casa Del Gobierno
que o Governador
Felipe Fonsdeviela, Marquês de La Torre,
mandou construir em 1776
o pavão deitado
não dorme.
Espera talvez que se feche o portão
a olhares turistas
para abrir a cauda
e mover-se sozinho entre colunas
senhor da penumbra antiga
onde só suas plumas
e a história
cintilam.

La Habana 2013

Debaixo de chuva

Duas vezes
debaixo de chuva e ombrelloni
me despedi de uma cidade.
Tomando campari em Roma
frente ao Pantheon
tomando mojito em Cuba
frente à Catedral.
Os outros se vão
expulsos pela chuva
(ombrelloni são teto insuficiente
quando a água é muita)
os garçons correm recolhendo copos
pardais bebem nas poças.
Eu penso no avião de amanhã
na mala por fazer
e deixo a chuva molhar-me as costas
enquanto em silêncio
digo adeus.

La Habana 2013

Cavaleiro na paisagem

Por que,
cavaleiro,
a mão posta na espada
se é tão gentil
o mundo ao teu redor?
Um gamo se entrevê entre água e água
há um pavão na cornija do castelo
uma doninha corre
um cão desponta
e um outro cavaleiro avança ao fundo.
Só teu cavalo não vejo
e me pergunto
se Carpaccio o deixou
fora do quadro
para manter tua pose
ereta e firme
o luzir da couraça
como um traço
ou se
para justificar teu olhar
de desamparo.

Madrid 2011

De tão longe

Fomos de trem ao Pireu
não de carro
para sentir da Grécia o pulso vivo.
Vendiam cerejas na Monastirakis
e levamos verão em nossa boca.
Gregos subiam e desciam nas estações
e onde havia jeans e vida cotidiana
camisetas escritas em inglês
tênis de marca
e óculos Ray-Ban
nós víamos argonautas
peplos claros
koturnos
e kouros com os braços tatuados.
Leandros iam em flor pelas janelas
bordejando modernos edifícios
nenhum templo entre o verde
ou coluna caída
ou capitel.
O tempo havia passado antes do trem
e a Grécia que trazíamos de tão longe
ia somente conosco
oculta
como lenço no bolso.

Atenas 2012

Abertas sempre

Matisse sabia tudo de janelas.
Um alisar escuro
a voluta gentil de um parapeito
o fino ar além das negras curvas
e a luz
rosa ou azul
cortando como cunha
o denso interior do quarto.

Matisse sabia tudo de janelas
e nos seus quadros
nunca fechou persianas.

Vivos no escuro

Regulares como relógio
ou palpitar de veia
revezam-se na noite os dois anúncios
no painel móvel da publicidade.
O rosto de mulher
o moço esgalgo
ele desce
ela baixa
ele sobe
ela some
dança sem pausa
no salão vazio em que o par
não se encontra.
Carros passam na avenida
ninguém para ou olha,
a cúpula da igreja está apagada
e mortas as janelas.
Só os dois
vivos no escuro
acima e abaixo
se vendem.

Frankfurt 2013

Dos jovens

Longos e delgados
são os pescoços dos jovens
bétulas novas que emergem
do território nu das omoplatas.
Tratará a vida
           adiante
de sobrepor
poeira
lembrança esquecimento e mais
poeira,
geologia sobre os ombros
engolindo a distância que
nos jovens
separa
queixo e
peito.

Frankfurt 2013

Num campo de papoulas

Eu tinha dezesseis anos
quando Remarque me mostrou
três homens defecando num campo de
[papoulas.
Falavam
      entre flores
de vida e morte
enquanto ouviam
ao longe
ecoar tiros de canhão.

Tantos anos mais tarde
casada
toda vez que passo
pelo quadro "Campo de Papoulas"
de Renoir
pendente no hall do meu edifício
o vermelho estremece com três vozes
e ouço
próximo e distante
o canhão
da guerra de Eric Marie Remarque.

Outono em Xangai

Catei no chão
a folha de ginkgo
leque amarelo
antes verde
antes vida no galho
folha entre folhas
voz
da árvore.

Catei no chão
a folha de ginkgo
e novamente
foi folha entre folhas
silencioso farfalhar da lembrança
vida
entre as páginas do livro.

Xangai 2016

Clareia apenas

Amanhece
a noite foi longa, vazada
pelos poços da insônia.
Lentas
voltam a pulsar as veias da cidade
desfaz-se a ausência que chuva
e silêncio
coagularam nas ruas.
Quando a claridade for plena
homens e pássaros
irão ao aberto para ganhar o dia,
e a vida
e a morte
virão ao seu encontro
nas esquinas.

Roma 2011

Enquanto em Guiyu

Na quase praça de Croce Del Travaglio
na esquina da Via Maffei
desta rupestre cidade de Cortona,
neste Domingo de Ramos de
dois mil e onze,
enquanto em Guiyu província de Guandong
os habitantes vivem de e-lixo
e o desmanche acontece nas calçadas
sob a negra fumaça,
alguém
pousou um ramo de oliveira
diante da imagem em terracota
de Santa Margarida de Cortona
da qual só sei
que veio a falecer
no ano de mil duzentos e vinte e sete.

Cortona 2011

Já quase no horizonte

Por que me comove o quadro
"Otho, montado por John Larkin"
de George Stubbs?
Pela elegância do cavalo
parado e tenso?
Pelas nuvens escuras que ameaçam?
Pela pequena construção em sombra
— celeiro ou estrebaria —
junto ao claro perfil do campanário?

Como poucos, Stubbs entendia
de cavalos e paisagens
mas o que neste quadro me comove
é John
que detém Otho com estribo e rédea
para melhor oferecer o rosto
ao último sol.

Gravura na neve

Não é de papel
meu guarda chuva
nem sou eu um monge
a caminho do mosteiro no alto do monte
mas os flocos caem nesta rua de Paris
como em uma gravura de Hokusai
e minha alma se verga em devoção
porque tudo se faz branco ao redor
e me devolve
intacta
a lembrança de minha alegria de menina
a caminho da escola
na primeira nevasca.

Paris 2010

De mulheres

Antes que

No Azerbaijão, na Armênia e na Geórgia
na Albânia, na Bósnia e Herzegovina
na Croácia, na Macedônia, em Montenegro
na China e na Índia
estão abortando as meninas
genocídio sem cadáveres e sem enterro
sem lamentações
sem crime.

Antes
para maltratá-las
e matá-las
esperavam
         ao menos
que crescessem.

Agora
flagradas no ventre
encontram
         antes da luz
o seu destino.
E passos não terão
marcando o chão.

As filhas de Martha

As filhas de Martha
pegaram barriga ao mesmo tempo.
E eram três.
Lá foi Martha
matriz de tanta abundância
galgar luas
com suas meninas,
fêmeas de mãos dadas
na santa cruzada
da qual todas regressariam
com seu Graal.

Útero em sangue

Ditas impuras como os leprosos
mulheres menstruadas
ou paridas
tinham vetada a entrada
no Templo de Jerusalém.

Esqueciam os sacerdotes
— ou muito se lembravam —
que sem o útero em sangue
das mulheres
não haveria Templo
nem sacerdotes
nem homem algum dos tantos de Israel
com sua usurpada pureza.

Onde um poder impera

Atrás dos biombos
escondiam-se as meninas
no palácio do Imperador
na era Heian.
E ali ficavam caladas
atentas
já sabendo
como todos
que mesmo durante o dia
preciso é manter-se alerta
pois onde um poder impera
nenhum ar sobra
para outras vozes.

De nada serviu benzer-se em Roma

Eram onze mil virgens a caminho
onze mil virgens percorrendo a estrada
onze mil pares de pés
com suas sandálias
e a poeira subindo
como um vento.
Se pássaros cantavam
ninguém disse
mas farfalhavam sedas
e milhares de véus batiam suas asas.
Era um bosque de virgens
que avançava.

Chegaram até o Reno
Úrsula à frente.
Tempo não houve para soltar tranças.
Os hunos
mais que as águas
as colheram.
Onze mil virgens fendidas
onze mil virgens em sangue
onze mil virgens caídas.
Se fogo crepitava
não se disse
mas abatido estava aquele bosque
e sandálias, sem pés, jaziam na grama.
Os véus
ao chão
haviam perdido as asas.

Sempre, Suzana

Sempre me dói
        Suzana
ver-te no banho
entre a límpida água
e o turvo olhar dos velhos.

Minha pergunta primeira é equivocada
mas ainda assim primeira:
por que
        Suzana
por que você e Betsabah
você e Joana, Maria, Ana
você e tantas outras de brancas carnes
se despiram no banho
se o mundo, o mundo inteiro,
e não apenas
o lago a fonte o rio
está tomado por olhares machos
que como adagas
nos arrancam sangue?

Outro olhar

Tem muita mulher loura de manhã
                              ele disse.
E eu pensei
                              são falsas.

Mas na manhã seguinte as vi
                nas ruas e calçadas do bairro
tantas mulheres louras em que nunca
havia reparado
trazidas mais por olhar alheio
que por sandália ou bicicleta.
E por olhar alheio
autenticadas.

Colher e partir

Atrás do vidro

Vivemos vulneráveis e expostos
como lagosta em tanque de restaurante
à espera de que alguém se aproxime
— esse difuso alguém que não sabemos —
e apontando com o dedo diga:
"É esta."

Verde é

Essa esperança é verde como folha
e a folha é uma esmeralda entregue ao vento.
Na verde grama
a verde cobra espreita o voo
da varejeira que o verde sapo
$$\text{estático}$$
cobiça, e um besouro desloca lentamente
o verde cintilar da carapaça.

Verde é a vida que reveste a Terra
mas acima só azul nos enovela.

Não irá

Para Gilberto Etz

Uma condenação
a mais definitiva
foi imposta ao meu jovem amigo.
E ele a enfrenta
vivendo nas manhãs
o infinitesimal crescer das goiabeiras
que plantou
e cujos frutos não irá colher.

O dia ainda dorme

Em algum ponto da noite
cães estraçalham o silêncio.
Mas não bastam dentes
para entalhar a escuridão.
E o dia ainda dorme por trás
das altas montanhas
que anunciarão mais tarde sua chegada
desenhando-se com contornos
de leite.

Repensando o poeta

São cinco anos que os pinheiros da Provença
não dão pinhas
e desapareceram os esquilos
vencidos pelos vorazes ratos da Coreia.

Viajando de barco
no ano 935
o poeta Ki no Tsurayuki escreveu:
"Passamos perto dos pinheirais de Uta.
Esses pinheiros sem nome, quantos anos
                              [carregam?
As ondas quebram a seus pés
e as garças atravessam seus galhos com voos
                              [entrecruzados."

Eu me pergunto se os pinheirais de Uta
ainda dão pinhas,
se há pinheirais
se as garças se confundem com os galhos
ou se seu voo foi vencido pelo avançar voraz
dos edifícios.

Marcando meus pontos

A morte me espera sentada.
Eu cada manhã me levanto
escovo esses dentes já gastos
penteio os cabelos
              tão ralos
              tão finos
espalho o batom sobre os lábios
sorrio para o espelho.
E sei que ela olha,
sem pressa
sem pressa nenhuma,
senhora do meu ritual
e dona de mim
sentada
tranquila
marcando meus pontos na ficha
desde que nasci.

Fundo de baía

Na maré baixa
aflora a carcaça do barco
cavernas e longarinas ao ar
negro esqueleto de mamute
atolado em lodo e garrafas Pet.
Só em alta maré
oculto de si mesmo na água escura
recupera o barco memórias de veleiro
quando a quilha ia no mar como golfinho
e o casco era cúmplice do vento.

Ainda assim

Que lagarta
que chuva
que bico
rendilha as folhas da cerejeira
já tão renda contra o sol?
A floração passou
as frutas foram comidas pelas aves
logo virá o outono abater essas folhas de
[pouca sombra
que ainda assim
servem de pasto para alguma fome.
No chão
     entre verdes
germinam ocultas sementes.

Sem saber que

Nas mesas dos restaurantes
as flores em que ninguém repara
lutam para manter a vida
decepada dos talos quando ainda
seu tempo estava em curso.
Nos vasos pequenos
de louça de vidro de prata
sugam a pouca água com esforço
sem saber que amanhã
frescas ainda
ou murchas
serão dadas ao lixo
com sua sede.

Quito 2011

Sombra no jardim

Como as pétalas de camélia
ao pé do arbusto
assim as plumas brancas
no gramado
— mais esparsas, porém —
são relato de morte.
Um crime estende sombra no jardim.
Houve uma luta à noite
e eu nada ouvi
houve garras e bicos defrontados
um fraco sucumbiu a um predador
mas eu me permiti dormir como se justa
alheia à usurpação que se cumpria.

Só mais tarde
o despojo me confronta
ave já rija de encovados olhos
asas fechadas como uma mortalha
cadáver
insultando o frescor das margaridas.

Onde agora

Pastavam búfalos
onde agora a grama se vende em placas
mosaico a ser replantado em seguida
e cortado sempre
raso e uniforme
embora a independência das raízes.
Não mais alimento
mas vivo tapete de jardim alheio
o capim mudou de função
e enobreceu no preço.

Toda hora é hora

Há sempre um leão-marinho
à espera de um filhote de atobá.
Toda hora é hora
de fome.
Salta o leão nas ondas
sem rugido
um deslizar, um tranco da cabeça
e o sangue vai na espuma
obliterado.

Há sempre uma leoa na savana
pronta a atacar o antílope em manada.
Toda hora é hora de fome,
para o que afunda dentes no pescoço
para o outro
                mais manso
que rumina.

Há sempre mão armada
atrás da esquina
atenta ao caminhar que se aproxima.
Toda hora
é hora de fome
mesmo se a humana carne
é dura
e
não se come.

Em seu justo lugar

Durante cinco anos
apesar dos meus cuidados
não deram nenhuma flor
as orquídeas trazidas do monte.
Agora
devolvidas a seu lugar de origem
o caseiro me faz saber
que em todos os ramos puseram brotos
e embora passado o tempo da floração
desabrocharam.
É a primavera, diz o meu marido.
E eu penso sem dizer,
é a força de pertencer.

O manso mar

No extenso azul,
espelho de outro azul,
que o meu olhar percorre
seis traineiras se agrupam
em ciranda.
O mar
      ali
é igual a todo mar
líquida pele com tensão de ondas
hoje posta em sossego.

Mas no reverso desse manso dorso
no quase fundo que
sem ver
devasso
um cardume se agita
em busca de alimento
— luzir de escamas, afilados dentes —.

A bordo
já se lançam redes e ordens
que ligam um convés
a outro convés.
Só as hélices seguem paradas
e as âncoras.

Acima
e
abaixo
o manso mar
é
um campo de batalha.

Amigos meus

Onde estão vocês
com quem sentei à mesa
e verti vinho?
Não pediram asilo
não fizeram as malas
selo nenhum foi posto em passaporte e
no entanto
não respondem se chamo.

O passado tampouco é confiável.
Tudo é percurso
de uma casa a outra casa
de um tempo que passou a outro que chega
do princípio até o fim
— esses parâmetros que nos foram
vendidos com a passagem
e talvez nem existam —
tudo é viagem.
E como as dos aviões, as rotas
não se encontram.

Tempo longo

Quanto a de três cavalos
dura a vida de um homem.
Tempo longo
para quem tem duas pernas
só duas
com que marchar do nascimento
à morte.

Os meus trigais

Trigais eu vi cortar com foice
ou alfanje
o ritmo bem plantado na cintura
espáduas ondeando como espigas
e o corpo em seu suor
peixe no lago.

Agora vai a máquina nos campos
boca feroz decapitando talos
o rolar das lagartas nas papoulas
o rastro pelo chão como ferida
e no solo esfolado, só restolhos.

Subi o Guadalquivir
tudo era trigo
entre trigo avançava a proa do barco
entre as pálpebras trigo se deitava.
Era o pelo da terra
que ondulava
era o brotar de um sol vindo de dentro
era lava fiada dando fruto.

Hoje
mastigo pão
e na boca não vem gosto de grãos,
afundo a mão no monte de farinha
e perfume não vem
de coisa viva.
Os meus trigais só crescem na memória
e o calor do meu corpo os alimenta.

Sobre a mesa

Uma taça partiu-se.
É tão pouco uma taça,
só ganha corpo quando
acolhe vinho.
No entanto
esse cristal partido
sobre a mesa
é uma mínima morte
que nenhum sangue mancha
mas que sangra.

Falsa fonte

Viva como um peixe
a rósea língua do cão
toca minha mão que lhe oferece água
da torneira aberta.
Bebe assim, meu cachorro,
água corrente
numa quase ilusão de natureza
falsa voz de fonte
farfalhando na palma aberta
para ir morrer no ralo.

Pergunta e asfódelos

Conta Ulisses a Alcino
que viu no Hades
o espírito de Aquiles
ir-se com lentos passos
nos prados de asfódelos.

Asfódelos não vêm sós,
postos no além como se coisa alguma
ou parte do cenário.
Incluem-se nas estações, germinações
e pragas,
atraem os gafanhotos.
Dos asfódelos
quando seu tempo passa
as pétalas vencidas desabam
para a morte.

Há morte, então,
na morte que o poeta cria.
E havendo morte
é justo perguntar
se há nascimento
e vida.

Voz de guelras

Folhas de cerejeira não farfalham
como farfalha o fícus
ou a mangueira,
nem silvam
sibilantes como o pínus.
Quando os ramos se agitam
é de água o som que salta
e que resvala
como se pedra a pedra.
Fremir de escamas
voz de guelras
canta no vento o líquido chamado
e na corrente vai
buscando o mar.

Assim os levo

Levo meus mortos ao redor da cintura
como levava peixes na fieira,
e como os peixes
agitam cauda e guelras junto à pele
ao sabor de outras ondas
que não água.
Levo nomes ocultos
sob a língua
como pedras impondo outra dicção
e o gosto desses nomes
volta à boca
como quando os chamava
e ouvia resposta.

Água na parede

Oculto
como a água que à noite sussurra
— riacho contido pelos canos na carne da
[parede —
pulsa o sangue na escuridão das veias.
Tudo é teia.

Canta em meus ouvidos
um vento inexistente
que o silêncio da casa em sono
amplia.
Lá fora
nenhuma folha se move.
Cá dentro
estremece o pensamento
tocado pelo leve pranto da chuva.

Amor e delicadeza

Flutuando à deriva

Pela fina fresta que
entre pele e lençol
na lassidão do amor me é
concedida
o meu olhar afaga
a voluta do braço da poltrona
o cintilar do sol na maçaneta
o recorte da sombra na parede,
fragmentos, no momento em que
tão una
me deixo flutuar
toda à deriva.

O deixamos ir

Noite avançada.
Um recorte de luz,
lâmina e esquadro,
rasga o chão do escritório.

Às vezes,
noite avançada,
um poema rasga a escuridão da cabeça,
com clamor de lua cheia,
e o deixamos ir
sim, o deixamos ir
porque a mente também precisa
do pausado silêncio de lua nova.

Em ti somente penso

Era de madeira branca
a caixa
que o imperador Suzuki
encheu de neve.
Era de ameixeira
a flor
que deitou sobre o frio.
Era clara e altíssima
a lua
que ele esperou
para entregar a caixa
à dama
em troca de um poema.

E já não chove

Nos brotos do *dendrobium*
que gestam lentamente a floração
pingos de chuva pendem
em grinaldas,
pássaros cintilantes
que o primeiro toque de sol
há de espantar.

Nesga de mar como faca

Fomos juntos
amor
à minha infância
ao bombardeio que vi
de uma varanda
ao vento que soprava
e era das bombas.
Ou àquela madrugada
mais adiante
em que o muezim cantava
e tu dormias.

O muezim
nem sobe ao minarete
mas a fita gravada
é tão pungente
que as gaivotas se calam
sobre o mar.

Voltaremos talvez
à montanha de Delfos
naquele exato instante
em que as nuvens se abriram
e uma nesga de mar
cortou-me o peito.

Uma nesga de mar como uma faca
o chamar das ovelhas.
E era primavera.

As cores não se veem

Dizemos
Verde-amêndoa
e à cor se acresce o aveludado da casca,
escolhemos
azul-hortênsia
e uma fresca umidade vem com ele,
já o azul-ultramar
é extenso e fundo
todos os verdes farfalham
e o vermelho-papoula
ondeia ao sol.
As cores,
mais que cores são
perfume e tato
lembrança que a pele guarda
sabor que à boca se achega.
As cores
não se veem
se recebem.

Insônia a dois

Nosso sono
hoje à noite
não é nosso.
Cansado de sonhos
despiu-se do corpo
para pousar
— morta asa de inseto —
na silenciosa paz
de um canto escuro.

De homem

Ainda sendo coxa
e já não sendo
acima da virilha
e sem ser anca
na dobradiça exata em que
o amor se articula e se desata
a pele é tão suave quanto um seio
e como seio alimenta
a mão que ali se aninha
e busca
à cata.

Inverno

Do galho despido do plátano
pende
inerte
um filamento plástico
que não despertará na primavera.

Ou papel de seda

Assim como a névoa
também o leque
    o biombo
    o cortinado
acolhem o olhar cansado de asperezas
protegem o rosto que se quer velado.
Não são como as paredes
empecilho.
Seda
papel
tecido
oferecem apenas leve solidão
que os sons
      senão o olhar
varam
e que a qualquer momento
a mão suspende.

Como uma cascavel

Apaixonou-se pelo meu homem
embora já tivesse marido
e fosse mulher de bem.
Quando afinal me conheceu
odiou-me intensamente
porque eu estava de branco
e usava franja.
Mas ignorá-la foi só o que fiz
naquela tarde em que nos defrontamos.
Mantive boca de pouco sorriso
e tilintei pulseiras de marfim,
soubesse
que eu era fêmea de armas.

Diálogo gentil

Do décimo primeiro mês
do calendário lunar
até o final do segundo mês
floresciam no Japão as ameixeiras.
Então as damas da corte
companheiras da poeta Shonagon
vestiam trajes de duas faces,
vivo vermelho forrado de amaranto,
diálogo gentil de seda e cor
celebrando os frutos por vir.

Cuidando da descendência

Quando o manjericão floresce
mister é cortar-lhe as flores
para que acreditando incumprida
sua tarefa de gerar sementes
o tempero continue vivo alegrando a horta.
Inútil, porém, dizê-lo ao caseiro.
Na minha ausência
flores brancas desabrocham
e o manjericão cuida enfim da sua
                              [descendência
tão mais importante do que
gosto e perfume
da minha salada de tomates.

O corpo macho

O que te impede
homem
de continuar tranquilo
quando acordas
ou de deixar a cama
e permitir meu sono?
É que entrega não cabe
ao corpo macho
que em vez de dar-se ao sonho
na pele de outro corpo
vai buscá-lo.

Prima che sia notte

A volte
si lacera per un momento il grigio
cielo dell'imbrunire
e come nello squarcio di una calza di seta
si intravede allora
l'ultima rosea carne della sera.

Esta mulher

Deus pôs esta mulher na tua cama
como areia no mar
e aves na floresta
como aquilo que é alheio e que
ainda assim
pertence.

Deus pôs esta mulher na tua cama
e esta carne que dorme junto à tua
debaixo do lençol
— branco céu que vos encobre —
tornou-se, com o tempo, teu contorno
tua planície e montanha.

O amanhecer já chega.
Estende, pois, a mão
para acordar.

A clara noite

Desliza no monte a pálida lua
dormem os sons em leito de neblina.
Diante da janela
como um biombo frente à clara noite
ergue-se
       folha a folha
o negro recorte da árvore
que há tantos anos
plantei.

Ninguém além

O teto desce baixo junto à cama
— madeira deitada acima —
as paredes são próximas dos lados
— madeira erguida ao redor —
tudo é penumbra e manso calor retido.
Como no ventre do cavalo de Troia
como na Arca ou no ovo
o mundo se fecha circundante
e ninguém mais respira além de nós.
Nossos corpos trançados são um só
somos gema
pupila
somos último sol
em fim de tarde.

Cadinho cotidiano

Precioso pode ser
o fio de azeite
vertido lento
sobre a truta crua.
Cintilam as escamas
prata pura
desliza o azeite
ouro de azeitona
metal sobre metal casados
que logo
ao fogo
fundirão cores sabores texturas.
Gera-se na cozinha
nova pedra filosofal.

Lado a lado

Há quarenta e três anos
dormimos lado a lado,
crisálidas
no casulo dos sonhos.
Durma bem,
dizemos ao deitar,
senha que abre caminho a outras distâncias.
Afloramos às vezes
porque o calor a sede o pesadelo,
e a presença do outro
— mancha escura na cama —
é então conforto
que amansa a alma eriçada
e
pela mão
nos reconduz ao sono.

Todos os aromas

Todos os aromas
que a Rainha de Sabá
ofereceu ao Rei Salomão
exalam na minha cozinha
e no meu jardim.

Jasmim e azeite
manjericão alecrim manjerona
eucalipto e hortelã
rosa gardênia glicínia tomilho
cipreste em floração
e o perfume ardente e vivo
da alquimia que o forno assa.

Aroma e tempo se entrelaçam.
Nas frutas e em tudo o que palpita
o aroma amadurece
como bem sabem as abelhas.

Igualmente sabia a Monarca
que aromas são mais voláteis
do que o ouro
e entretanto
mais que ouro
renascem.

Breve beleza

De pé na calçada
a moça de vestido listado
fala ao telefone
enquanto espera a condução.
Não percebe o vento que agita o vestido
não vê o movimento das listas desenhando
[seu corpo.
Fala e gesticula para o interlocutor ausente
alheia à alça caída no ombro
e à breve beleza
que o vento cria.

Já podemos

Já podemos ser felizes
só com uma tarde de amor
urna taça de vinho
um prato de pasta.
Pouco basta
para a completude
quando a pele se faz fina
e gasta.

Amanhece

Abre o nenúfar sua flor
toque de pele pura
delicadeza pousada
na
água escura.

Este livro foi composto na tipografia Perpetua
Std, em corpo 13/15,5, e impresso em
papel off-white no Sistema Cameron da
Divisão Gráfica da Distribuidora Record.